Le flacon
de
médicament

de Dieu

Derek Prince

ISBN 978-1-78263-133-0

Originally published in English under the title "God's Medicine Bottle".

Traduit avec permission de Derek Prince Ministries International USA, P.O. Box 19501, Charlotte, North Carolina 28219-9501, USA.

Traduit de l'anglais par Florence Boyer.

Sauf autre indication, les citations bibliques de cette publication sont tirées de la traduction Louis Segond révisée.

Couverture: Damien Baslé, www.damienbasle.com

Publié par Derek Prince Ministries France, année 1997. Dépôt légal: 2e trimestre 1997. Deuxième impression dépôt légal, 4e trimestre 1998. Troisième impression dépôt légal, 3e trimestre 2001. Quatrième impression dépôt légal, 1e trimestre 2007. Cinquième impression 3e trimestre 2010. Imprimé en France.

Pour tout renseignement:

DEREK PRINCE MINISTRIES FRA

9, Route d'Oupia, B.P. 31, 34210 Olonzac, FRANCE

tél.(33) 0468 91 38 72, fax (33) 0468 91 38 63

E-mail: info@derekprince.fr * www.derekprince.fr

BUREAUX DE DEREK PRINCE MINISTRIES

Derek Prince Ministries International/USA

P.O. Box 19501
Charlotte, NC 28219-9501 Etats-Unis
tél. (1)-704-357-3556
fax (1)-704-357-3502

Derek Prince Ministries Angleterre
Kingsfield
Hadrian way
Baldock SG7 6AN Angleterre
tél. (44)-1462-492100
fax (44)-1462-492102

Derek Prince Ministries Afrique du Sud
P.O. Box 33367
Glenstantia 0010 Pretoria
Afrique du Sud
tél. (27)-12-348-9537
fax (27)-12-348-9538

Derek Prince Ministries Australie
1st floor, 134 Pendle Way
Pendle Hill
New South Wales 2145
Australie
tél. (61)-2-9688-4488
fax (61)-2-9688-4848

Derek Prince Ministries Allemagne
Schwarzauer Str. 56
D-83308 Trostberg
Allemagne
tél. (49)-8621-64146
fax (49)-8621-64147

Derek Prince Ministries (IBL) – Suisse
Alpenblickstr. 8
CH-8934 Knonau
Suisse
Tél: (41) 44 768 25 06
Email: dpm-ch@ibl-dpm.net

Derek Prince Ministries
Canada
P.O. Box 8354
Halifax N.S. Canada B3K 5M1
tél. (1)-902 443-9577
fax (1)-902 443-9577

Derek Prince Ministries
Pays-Bas/EE/CIS
P.O. Box 349
1960 AH Heemskerk
Pays-Bas
tél. (31)-251 255044
fax (31)-251 247798

Derek Prince Ministries
Pacific du Sud
224 Cashel Street
P.O. Box 2029
Christchurch 8000
Nouvelle Zélande
tél. (64)-3-366-4443
fax (64)-3-366-1569

Derek Prince Publ. Pte Ltd
Derek Prince Ministries
10 Jalan Besar
#14-00 (Unit 03) Sim Lim
Tower
Singapore 208787
République de Singapour
tél. (65)-392-1812
fax (65)-392-1823

DPM – NORVEGE
PB 129 – Loddefjord
5881 Bergen
NORVEGE
Tél: 47-5593-4322
Fax: 47-5593-4322
E-mail: Sverre@derekprince.no

Du même auteur:

**"Ils chasseront les démons"

➤ *Ce livre de Derek Prince de 288 pages, qu'il a écrit en 1997, constitue un manuel solide et biblique traitant le sujet délicat de la délivrance d'une façon modérée, réaliste et équilibrée.*

***"Qui est le Saint-Esprit?"

➤ *Une étude sur la Personne la moins comprise de la Bible: le Saint-Esprit.*

***"Le remède de Dieu contre le rejet"

➤ *Peut-être que le rejet est-il la cause de la douleur la plus profonde, formant l'une des blessures les plus sensibles et vulnérables de l'homme. C'est une expérience courante de nos jours, et de nombreuses personnes en souffrent. Dieu a-t-il pourvu à une solution? Ce livre vous le montrera.*

**"Prier pour le gouvernement"

➤ *D'une façon claire, Derek Prince montre pourquoi il est logique de prier "avant toutes choses" pour ceux qui sont haut placés (1 Tim. 2:1-2). Un enseignement simple et compréhensible, afin de savoir comment et pourquoi prier intelligemment pour le gouvernement.*

**"Les actions de grâces, la louange et l'adoration"

➤ *Une étude profonde sur ce qu'un être humain peut connaître de plus élevé: adorer et louer son Dieu*

***"Façonner l'histoire par la prière et le jeûne"

➤ *Par ce livre Derek Prince donne des exemples aussi bien de l'histoire que de sa propre expérience, comme la combinaison puissante du jeûne et de la prière peut effectuer parfois un changement du cours de l'histoire pour une nation tout entière.*

*"Le mariage: une alliance"

➤ *En traitant l'une des choses pouvant être la plus profonde et la plus précieuse de la vie, Derek Prince explique ce que le mariage est avant tout aux yeux de Dieu: **une alliance**. Tout comme la Nouvelle Alliance de Jésus était impossible sans sa mort, de même l'alliance du mariage est impensable si les conjoints ne renoncent pas à leur propre vie.*

*"Votre langue a-t-elle besoin de guérison?"

➢ *Tôt ou tard, chaque chrétien est confronté au besoin impératif de contrôler sa langue, mais il n'y parvient pas. Derek Prince apporte au lecteur l'enseignement biblique et les étapes pratiques nécessaires pour discipliner la langue*

*"Dieu est un Faiseur de mariages"

➢ *Comment se préparer au mariage? Quel est le plan de Dieu pour le mariage? Qu'est-ce que la Bible dit sur le divorce? Est-ce que la Bible permet de se remarier? Dans quelles conditions? Vous trouverez des réponses claires et bibliques à ces questions si pressantes, à partir d'une expérience personnelle et de plus de cinquante ans de ministère.*

*"Le plan de Dieu pour votre argent"

➢ *Dieu a un plan pour tous les aspects de votre vie, y compris celui de vos fiances. Dans ce livre, Derek Prince révèle comment gérer votre argent pour que vous puissiez vivre sous la bénédiction de Dieu et dans l'abondance qu'il a voulues et entendues pour vous.*

*"Qui est le Saint-Esprit?"

➢ *Une étude sur la Personne la moins comprise de la Bible: le Saint-Esprit.*

Et autres.
Ecrivez à notre adresse pour recevoir gratuitement un catalogue de tous les livres et de toutes les cassettes de Derek Prince, des lettres d'enseignement gratuites (France et DOM/TOM seulement) et pour être tenu au courant de toutes les nouvelles éditions, et toute autre nouvelle de:

DEREK PRINCE MINISTRIES FRANCE
9, Route d'Oupia, B.P. 31, 34210 Olonzac FRANCE
tél. (33) 04 68 91 38 72 fax (33) 04 68 91 38 63
E-mail: info@derekprince.fr   * www.derekprince.fr

LE FLACON DE MEDICAMENT DE DIEU

Je vais partager avec vous, à partir de ma propre expérience, la façon dont j'ai expérimenté et découvert ce merveilleux médicament de Dieu.

Cela se passait au début de la Seconde Guerre mondiale. Je suis anglais et durant cette période, pendant cinq ans et demi, je fus aide-infirmier dans les services médicaux britanniques de l'armée de terre. Durant trois ans, j'exerçai ce métier dans les déserts d'Afrique du Nord; tout d'abord en Egypte, puis en Lybie et enfin au Soudan.

Il y avait deux choses auxquelles nous étions plus particulièrement exposés dans le désert: le sable et le soleil. J'ai passé presque une année dans le désert sans voir une route goudronnée. Nous voyagions dans le sable, nous dormions dans le sable, et souvent nous avions l'impression de manger du sable. Cet environnement, allié au soleil, avait un effet catastrophique sur certaines peaux peu habituées à ce type d'exposition, et j'étais de ceux-là.

Cela se manifesta d'abord par l'état de mes mains et de mes pieds dont la peau s'abîmait. C'était, à de nombreux égards, un handicap majeur. L'officier qui commandait mon unité se démena pour que je n'aille pas à l'hôpital, car il savait que si on m'y admettait, je serais perdu pour son unité. Je passai plusieurs mois en boitillant, tâchant d'effectuer mon service; mais à la fin, il dut me laisser aller à l'hôpital. Je fus admis dans trois ou quatre hôpitaux militaires et j'y restai un an.

Je rencontrai des soldats qui avaient passé deux ans au Moyen-Orient et qui étaient restés dix-huit mois à l'hôpital dans le même état que moi. On fit beaucoup de diagnostics très complexes de mon problème, chacun un peu plus long que le précédent. En fait, on diagnostiqua simplement de l'eczéma chronique et je reçus le meilleur traitement possible mais qui n'eut aucun effet. Je vis de nombreux autres soldats dans le même état que moi, dont les traitements restaient inefficaces. Ceux qui étaient dans un état sérieux, les brûlés par exemple, étaient normalement envoyés par bateau en Afrique du Sud. Mais mon état n'était pas assez grave et mes services à l'armée britannique pas assez importants pour me valoir un passage sur un bateau en partance pour l'Afrique du Sud. Alors, jour après jour, je restai couché, me demandant ce que serait mon avenir. Je peux vous dire que lorsque vous passez une année entière à l'hôpital, cela semble très, très long.

Je venais d'expérimenter une relation personnelle avec le Seigneur, j'étais né de nouveau et rempli de l'Esprit saint. Mais j'étais très ignorant, n'ayant aucun fondement biblique. J'avais une Bible et je ne pouvais me tourner que vers elle pour trouver du secours et rencontrer le Seigneur. En désespoir de cause, je commençai à chercher dans la Bible pour voir ce qu'elle pourrait bien me dire sur mon état physique. Je n'avais aucune théorie sur la guérison, je savais simplement que j'en avais besoin. Je possédais une Bible et j'avais beaucoup de temps pour la lire, n'ayant pas grand-chose d'autre à faire. Ainsi, j'ai cherché dans les Ecritures quelque chose qui me dirait si je pouvais vraiment faire confiance à Dieu pour la guérison de mon corps. Un jour que je la lisais, je tombai sur quelques versets du livre des Proverbes que je me mis à appeler "le flacon de médicament de Dieu": **Proverbes 4:20-22:**

Mon fils, sois attentif à mes paroles, incline ton oreille à mes discours. Qu'ils ne s'éloignent point

de tes yeux; garde-les au-dedans de ton coeur; car ils sont la vie de ceux qui les trouvent, et la santé de toute leur chair.

(traduction Darby)

C'est la dernière phrase qui m'a arrêté, "la santé de toute leur chair". Je compris que "toute leur chair" signifiait le corps physique tout entier (comme certaines versions plus modernes le traduisent). Alors je pensai: "La santé! Si j'ai la santé dans toute ma chair, il n'y a pas de place pour la maladie, et c'est ce que Dieu me promet."

Puis je regardai dans la marge et je vis que l'autre traduction proposée pour le mot "santé" était "médicament". Cela semblait vraiment correspondre à ma situation. Dieu me promettait un médicament qui apporterait la santé pour tout mon corps. Je pensai en moi-même que c'était exactement ce dont j'avais besoin. Alors je relus encore et encore ces versets et je me rendis compte que Dieu, en fait, m'offrait cela à travers sa parole.

Au verset 20 nous lisons: "Sois attentif à mes paroles, incline ton oreille à mes discours." Puis le verset 22 dit: "Car ils sont la vie (les paroles et les discours de Dieu) de ceux qui les trouvent, c'est la santé pour tout leur corps." Ainsi, quel que soit le problème, la réponse se trouve dans les paroles et les discours de Dieu.

Puis je lus la phrase: "... ceux qui les trouvent ..." et je me rendis compte qu'il ne s'agissait pas simplement de lire la Bible. Il s'agissait de le faire de façon à chercher à recevoir ce que Dieu nous offrait.

J'avais reçu tous les soins médicaux possibles que nécessitait mon état et cela n'avait pas eu d'effet; alors je pris une décision, assez naïve en un sens. Je décidai que j'allais prendre la parole de Dieu comme un médicament; ce fut un choix crucial dans ma vie. Lorsque je pris cette décision, le Seigneur lui-même me parla; pas de façon audible, mais très clairement; il me dit: "Lorsque le médecin prescrit un médicament à une personne, le mode d'emploi est indiqué sur le flacon." Puis il me dit encore: "C'est mon médicament, et le mode d'emploi se trouve sur la notice du flacon; tu ferais mieux de l'étudier."

Dieu me rappela qu'un médecin ne promet jamais de résultat si le traitement n'est pas pris conformément au mode d'emploi, et en tant qu'aide-infirmier, cela me frappa beaucoup.

Je décidai donc d'étudier le mode d'emploi inscrit sur le flacon et je me rendis rapidement compte qu'il y avait quatre directives spécifiques afin de prendre la parole de Dieu comme un médicament pour le corps physique. Voici ces directives:

1. Sois attentif à mes paroles.

2. Incline l'oreille à mes discours.

3. Qu'ils ne s'éloignent pas de tes yeux.

4. Garde-les au-dedans de ton coeur.

Je réalisai que, si je voulais tirer profit du médicament dont j'avais besoin, c'était les quatre directives que je devais suivre.

Je ne peux pas relater en détail ce qui suivit, mais je commençai à me pencher sur la Bible trois fois par jour, après les repas, car c'est en général à ce moment-là que l'on prend les médicaments. Je dis: "Dieu, tu as dis que ces paroles seront un médicament pour tout le corps, et je les prends comme tel dans le nom de Jésus." En l'espace de quelques mois, le médicament de Dieu, pris de cette façon, accomplit les promesses de Dieu. Je fus totalement guéri dans tout mon corps.

J'ai enregistré cette expérience sur une bande magnétique il y a de cela de nombreuses années. Récemment, à Londres, je rencontrai un jeune Pakistanais qui me révéla qu'il était devenu chrétien et qu'il souffrait depuis plus de vingt ans d'eczéma. Un jour, il écouta ma cassette et il décida de faire la même chose que moi. En l'espace de trois ou quatre jours, il fut totalement guéri. Ainsi, c'est un témoignage récent qui nous montre que le médicament accomplit encore ce pour quoi il a été destiné.

Je voudrais maintenant partager avec vous les leçons que j'ai apprises à partir du mode d'emploi qui se trouve sur la notice du médicament de Dieu, et comment les appliquer.

SOIS ATTENTIF A MES PAROLES

La première de ces quatre directives est: "Sois attentif à mes paroles." Nous devons comprendre que lorsque Dieu nous parle, il requiert notre attention complète. Si le Dieu tout-puissant veut nous parler, la bienséance élémentaire nous indique que nous devons l'écouter avec une entière et respectueuse attention. Mais ce n'est pas l'attitude de la plupart des gens aujourd'hui. A cause de l'énorme prolifération des médias, de la radio, de la télévision ... et à cause de différents facteurs liés à notre culture contemporaine, nous avons appris à écouter deux choses en même temps. Nous souffrons d'une maladie que nous pourrions appeler "l'attention divisée". Je suis étonné lorsque je vais dans une maison et que je vois des adolescents faire leurs devoirs tout en regardant la télé; ils ne sont pleinement attentifs ni à l'un ni à l'autre.

Dans de nombreux endroits, nous avons ce qui s'appelle de la musique de fond. Nous avons une conversation mais, en même temps, d'une oreille, nous écoutons la musique de fond. Je dois dire que pour moi, personnellement, cela est très frustrant. Je suis du genre à désirer me concentrer sur quelque chose et à ne pas m'égarer ailleurs. Je pense que Dieu m'a conditionné ainsi, et je ne veux pas perdre cette habitude. Si je discute avec quelqu'un, je veux écouter la personne qui parle. Si j'écoute de la musique, je veux écouter la musique. J'aime la musique. Lorsque j'en écoute, je le fais avec toute mon attention.

Mais voyez-vous, tout au long de la Bible, la

principale clé à la guérison de Dieu est l'écoute. Laissez-moi vous dire cela simplement. *La clé pour la guérison est l'écoute*. C'est ce que nous écoutons et comment nous l'écoutons. Jésus a dit à ses disciples: "Prenez garde à ce que vous entendez." Il a également dit: "Prenez garde à la façon dont vous écoutez." Nous devons mettre les deux ensemble. C'est ce que nous écoutons et la façon dont nous l'écoutons.

Il y a un autre passage dans l'Ancien Testament, concernant la guérison, qui met l'accent sur la même chose. C'est dans **Exode 15:26**, quand l'Eternel parle à Israël par Moïse:

"Si tu écoutes attentivement la voix de l'Eternel, ton Dieu, et si tu fais ce qui est droit à ses yeux, et si tu prêtes l'oreille à ses commandements, et si tu gardes tous ses statuts, je ne mettrai sur toi aucune des maladies que j'ai mises sur l'Egypte, car je suis l'Eternel qui te guérit." (traduction Darby)

Remarquez l'affirmation finale. Cela concorde exactement avec le médicament: "Je fournis le médicament et je suis ton docteur." En hébreu moderne, c'est exactement ainsi que ce mot serait traduit: "Je suis l'Eternel, ton médecin." Dieu dit à son peuple: "Je veux être votre médecin, le médecin de vos corps." Mais il dit qu'il y a à cela des conditions; il commence par un "si".

La première condition, celle de base, est: "Si tu écoutes attentivement la voix de l'Eternel, ton Dieu." Vous voyez, c'est ce que nous entendons. Le mot traduit par "écouter attentivement", en hébreu, est une répétition du verbe "écouter". Ce qui nous donne: "Si tu écoutes en écoutant la voix de l'Eternel ton Dieu." Tout l'accent est mis sur l'écoute.

Lorsque je cherchais la guérison, j'ai trouvé ce verset ainsi que celui de **Proverbes 4:20-22** et je me suis demandé ce que pouvait bien signifier "écouter en écoutant". C'est comme si Dieu me donnait une réponse. Il dit: "Tu as deux oreilles: une oreille droite et une oreille gauche; écouter en écoutant signifie que tu m'écoutes avec tes deux oreilles, la droite et la gauche. Ne m'écoute pas seulement avec l'oreille droite tandis que de l'autre tu écoutes autre chose, car cela aura pour résultat la confusion."

L'accent est mis sur l'attention, l'écoute, donnant à Dieu une attention sans partage. Voici la principale directive du médicament de Dieu. Il est important de savoir ce que nous entendons et la

16

façon dont nous l'entendons. Ce n'est pas seulement la clé pour être guéri, c'est aussi celle pour recevoir la foi et, bien sûr, cela va ensemble. C'est la foi qui nous permet de recevoir la guérison que Dieu a prévue et de tirer les bénéfices du médicament.

L'un de mes passages préférés, qui fut rendu réel pour moi pendant cette longue période d'hospitalisation se trouve dans **Romains 10:17:**

"Ainsi la foi vient de ce qu'on entend et ce qu'on entend vient de la parole de Christ."

Etendu, je me disais continuellement: "Je sais que si j'avais la foi, Dieu me guérirait." Puis je disais immédiatement après: "Mais alors je n'ai pas la foi." Quand je déclarais que je n'avais pas la foi, j'étais comme ce que John Bunyan décrit dans" Le voyage du Pèlerin", j'étais dans le bourbier du découragement, une vallée de désespoir sombre et solitaire.

Un jour, alors que je lisais ma Bible, mes yeux tombèrent sur **Romains 10:17**: **"Ainsi la foi vient de ce qu'on entend et ce qu'on entend vient de la parole de Christ."** Deux mots attirèrent particulièrement mon attention: "la foi vient". Autrement dit, tu ne dois pas désespérer. Peut-être que tu n'as pas la foi, mais la foi vient. Si tu ne l'as pas, tu peux l'obtenir.

Bien entendu, je regardai comment la foi vient et il est dit: "la foi vient de ce qu'on entend et ce qu'on entend vient de la parole de Christ". A nouveau, comme dans **Proverbes 4: 20-22,** j'étais conduit vers la parole de Dieu. Je commençai à analyser ce verset et je me rendis compte que nous commencions avec la parole de Dieu. C'est le début. Nous écoutons la parole de Dieu attentivement et, de cette écoute, vient ce que la Bible nomme "l'écoute", la capacité d'entendre Dieu. Et à partir de cette écoute-là se développe la foi.

C'est la parole de Dieu qui, lorsque nous lui prêtons attention, produit l'écoute. Puis, quand nous continuons d'écouter, à partir de cette nouvelle écoute se développe la foi. Dans un sens, tout dépend de la façon dont nous nous approchons de la parole de Dieu. L'abordons-nous avec une attention non partagée? L'écoutons-nous avec nos deux oreilles? Sommes-nous centrés sur la parole de Dieu? Sommes-nous dans l'état que la Bible appelle l'écoute, spirituellement et mentalement qui nous rend capables d'écouter ce que Dieu dit?

Je suis certain que de nombreuses personnes

lisent la Bible sans jamais écouter Dieu. Elles n'écoutent pas leur Dieu parce que leur esprit est occupé à autre chose. Elles se demandent comment elles vont payer le loyer, quel temps il va faire, ou bien elles se préoccupent de la situation politique. Il y a d'autres forces en oeuvre dans leur esprit. De fait, elles ne développent jamais l'écoute. Nous devons le faire, car à partir de cette écoute se développera la foi. C'est notre attitude envers la parole de Dieu qui produit l'écoute, et de celle-ci jaillit la foi. Nous sommes toujours renvoyés à la parole de Dieu et à la façon dont nous la recevons. Ainsi, la première directive du médicament de Dieu est: "Sois attentif à mes paroles."

INCLINE TON OREILLE

Je vais maintenant expliquer la seconde directive: "Incline ton oreille".

Nous devons être sûrs que nous comprenons bien ce que le mot "incliner" signifie. Incliner, c'est se pencher; et se pencher, c'est se courber. Ainsi, "incliner son oreille" signifie "pencher nos oreilles vers le bas". Le fait de ne pouvoir pencher notre oreille sans incliner notre tête est naturel. En inclinant notre oreille, nous inclinons en fait notre tête. Qu'est-ce que cela signifie? C'est une attitude d'humilité, de désir d'être enseigné. Je vais l'illustrer par une expérience.

Lorsque j'étudiais la Bible à l'hôpital, cherchant désespérément la réponse à mon problème, je trouvais de nombreuses promesses de guérison, de bénédiction et de prospérité. Mais mon attitude était conditionnée par mon milieu, ce qui est probablement le cas pour chacun d'entre nous.

J'étais issu d'une église chrétienne où le christianisme n'était pas associé au bonheur; en fait, c'était même le contraire. Je m'étais rendu compte très tôt que si je voulais être chrétien, je devais me préparer à être misérable. Je décidai également très vite que je n'étais pas préparé à être misérable et donc que je ne deviendrai jamais chrétien. C'est uniquement par l'intervention souveraine de Dieu dans ma vie que je fus changé. Mais je véhiculais toujours en moi de nombreux vieux concepts.

Lorsque je trouvai ces promesses de guérison, de santé, de force, de longévité, de prospérité et d'abondance plusieurs fois dans la Bible, je hochai la tête. Je n'inclinai pas ma tête, mais

20

je la hochai en disant: "Ce n'est pas possible; c'est trop beau pour être vrai! Je ne peux pas croire que la religion soit cela!" Je réagissais ainsi à l'une des affirmations du **Psaume 103** qui dit: "C'est lui qui pardonne toutes tes iniquités, qui guérit toutes tes maladies; qui te fait rajeunir comme l'aigle." Je pensai: "Tu vois, c'est impossible. Dieu ne peut pas être ainsi. Je veux dire que nous devons nous préparer à être misérables en étant chrétiens."

Alors que je répondais ainsi intérieurement, Dieu me parla clairement; non pas d'une façon audible, mais aussi clairement que si quelqu'un me parlait. Il me dit: "Maintenant, dis-moi qui est le maître et qui est l'élève?" J'y réfléchis un moment, puis je dis: "Seigneur, tu es le maître, et je suis l'élève." Alors, il me répondit: "Alors voudrais-tu me laisser t'enseigner?" Je me rendis compte que je ne laissais pas du tout Dieu m'enseigner. J'avais mes propres préjugés, et s'il me disait quelque chose de différent dans sa Parole, je n'étais vraiment pas capable de l'entendre parce que mon esprit était bloqué par ces idées préconçues. Dieu me disait essentiellement: "Incline ton oreille, laisse tomber tes préjugés, courbe cette nuque raide, et laisse-moi te dire combien je suis bon et comme ce que j'ai prévu pour toi est merveilleux. Ne me mesure pas selon des critères humains, car je suis Dieu. Je suis tout-puissant et plein de grâce; un Dieu fidèle et miséricordieux."

Cela fit ressortir un principe très important de la parole de Dieu. Celle-ci n'oeuvre en nous que si nous la recevons. Si nous ne la recevons pas, elle ne nous fait aucun bien. Il existe un passage très puissant dans **Jacques 1:18-21**. En parlant de Dieu, il dit:

"Il nous a engendrés selon sa volonté, par la parole de vérité (remarquez que le fait que nous soyons devenus chrétiens est dû à la Parole. Dieu nous a engendrés par la parole de vérité) **... afin que nous soyons en quelque sorte les prémices de ses créatures. Ainsi, mes frères bien-aimés, que tout homme soit prompt à écouter, lent à parler, lent à se mettre en colère.** (Notez qu'il est prompt à écouter, mais lent à parler.) Puis il dit: **C'est pourquoi, rejetant toute souillure et tout excès de malice, recevez avec douceur la parole qui a été plantée en vous, et qui peut sauver vos âmes."**

La parole de Dieu peut vous sauver, elle peut vous guérir et elle peut vous bénir d'innombrables façons, mais seulement si vous la recevez avec douceur. Et l'une des choses que nous devons abandonner, c'est la malice, ou, autrement dit, la méchanceté. Nous associons généralement la méchanceté aux enfants. Qu'est-ce qu'un enfant méchant? L'une des caractéristiques d'un enfant méchant consiste à rétorquer lorsqu'il est enseigné ou grondé. Dieu dit: "Ne rétorquez pas à mes paroles. Lorsque je vous dis quelque chose, ne discutez pas. Ne me dites pas que vous pensez que c'est peut-être vrai ou que c'est impossible ou que je n'ai pas voulu dire cela. Laissez-moi vous enseigner." C'est le sens de l'oreille inclinée. Cela signifie que nous venons à Dieu et que nous disons: "Dieu, tu es le maître, je suis l'élève. Je désire te laisser m'enseigner. J'incline mon oreille et je t'écoute."

A propos d'incliner notre oreille, nous sommes confrontés avec le fait que la plupart d'entre nous ont des barrières mentales lorsque nous commençons à lire la Bible. Dans de nombreux cas, ces barrières sont dues à notre milieu. Beaucoup d'entre nous avons été affiliés à différentes confessions ou dénominations dans le passé. Nous sommes peut-être encore des membres actifs d'une certaine dénomination. Je ne suis pas opposé aux dénominations, mais je voudrais vous dire que chacune d'elles à ses points forts et ses points faibles. Dans certains domaines, celle-ci est fidèle à la vérité, et dans d'autres non. Si nous mesurons Dieu à partir de notre milieu confessionnel, si nous jugeons les Ecritures en fonction de ce qu'une église ou une dénomination enseigne, nous exclurons de notre esprit la plupart des vérités que Dieu veut que nous recevions et qui peuvent nous bénir et nous aider.

Par exemple, certaines églises enseignent que le temps des miracles est révolu. Je n'ai jamais pu trouver une base biblique à cette affirmation. Je pense à des douzaines de passages qui montrent le contraire. Mais si vous vous approchez avec la certitude que le temps des miracles est révolu, alors lorsque Dieu vous promettra un miracle, vous ne l'entendrez probablement pas.

Certains groupes chrétiens pensent que, pour être saint, il faut être pauvre et que le fait d'être autrement que pauvre est en quelque sorte être dans le péché. Pourtant, si c'est le plan de Dieu de vous bénir en vous apportant la prospérité, comme il le dit de nombreuses fois dans les Ecritures, ce doit être son plan. Mais si vous avez la pensée que vous devez être pauvre, vous ne pourrez pas recevoir la bénédiction de la prospérité que Dieu vous offre sur la base des Ecritures. Il y a un passage dans **3 Jean 2** et je pense que la plupart d'entre nous devons le prendre à coeur.

"Bien-aimé, je souhaite que tu prospères à tous égards et sois en bonne santé, comme prospère l'état de ton âme."

Je me souviens de ce qui m'a frappé très fortement, lorsque j'ai commencé à lire ce verset. Mes vieux préjugés et mes idées préconçues resurgirent. Je pensai: "C'est impossible. Cela ne peut pas vouloir dire ce qui est écrit." "Mais tu vois, me dit Dieu, incline ton oreille. Ne viens pas à moi avec tes arguments, tes idées reçues, tes préjugés. Courbe cette nuque raide et laisse-moi t'enseigner."

Voilà une condition essentielle pour recevoir la guérison par la parole de Dieu. Il faut laisser tomber les préjugés, les idées préconçues, courber notre nuque, ouvrir nos oreilles, écouter attentivement ce que Dieu nous dit et ne pas le refuser parce que cela ne cadre pas avec ce que nous pensons que Dieu devrait avoir dit. Il est bien plus grand que n'importe quelle dénomination, que notre compréhension, que nos préjugés. N'en faites pas un Dieu si petit qu'il ne puisse plus vous aider. Inclinez votre oreille et laissez-le vous dire tout ce qu'il veut faire pour vous.

QU'ILS NE S'ELOIGNENT PAS
DE TES YEUX

J'ai parlé des deux premières indications du flacon de médicament de Dieu: "Sois attentif à mes paroles" et "incline ton oreille à mes discours". Logiquement, je dois maintenant aborder le troisième thème: "Qu'ils ne s'éloignent pas de tes yeux." Le pronom "ils" englobe les paroles et les discours de Dieu.

La pensée clé de cette instruction pourrait être résumée par le mot "focaliser". L'une des choses extraordinaires à propos des yeux humains, et qui n'est pas vraie pour certains autres animaux ou créatures, c'est que nous avons deux yeux, mais qu'en les fixant sur un objet, nous pouvons former une seule image. (C'est lorsque notre vue est bonne et fonctionne comme Dieu l'a entendu.) A l'état naturel, de bons yeux avec une mauvaise focalisation produisent une vision trouble. Je crois que c'est le problème de nombreuses personnes dans le domaine spirituel. Elles n'ont pas appris à concentrer leur vue spirituelle, et par conséquent leur vision des choses spirituelles est troublée.

Je pense que la plupart des gens ont l'impression que le monde spirituel est en quelque sorte brumeux, à moitié réel, vague, informe. Je sais que c'était là l'impression que j'avais de la religion avant que je ne connaisse le Seigneur personnellement. Je m'imaginais la religion comme quelque chose de brumeux environnant une vieille église et, si j'étais très bon, peut-être que ce brouillard se poserait sur ma tête. Mais il ne le fit jamais. Ainsi, après une certaine période, je décidai que je n'étais plus intéressé par à religion, et je me tournai vers la philosophie. Mais le fait est que si nous ne fixons pas nos yeux spirituels, nous aurons toujours une vision trouble de la réalité spirituelle. Ecoutons les paroles de Jésus parlant de la vision spirituelle dans **Luc 11:34**:

"La lampe du corps, c'est ton oeil; lorsque ton oeil est simple, ton corps tout entier aussi est plein de lumière; mais lorsqu'il est méchant, ton corps aussi est ténébreux." (Darby)

Jésus parle ici de quelque chose qui affecte le corps tout entier. Cela me rappelle immédiatement

27

l'affirmation de **Proverbes 4** à propos des paroles de Dieu qui sont la santé pour tout notre corps. Mais ici Jésus discourt sur la façon dont nous utilisons nos yeux. "Lorsque ton oeil est simple", je pense que cela signifie tout d'abord que nous formons une seule image. Nous ne regardons pas dans des directions différentes avec nos deux yeux, mais ils sont fixés pour faire une seule image. Puis il dit que le résultat sera manifesté dans tout notre corps: "tout ton corps est éclairé".

Je crois qu'un corps plein de lumière ne laisse pas de place à la maladie. Je crois également que la lumière et les ténèbres s'excluent mutuellement. La maladie vient des ténèbres. La santé vient de la lumière. **Malachie 4:2** dit:

"Et pour vous qui craignez mon nom se lèvera le soleil de justice; et la guérison sera dans ses ailes ..."

Dans la nature, le soleil est source de lumière. Les deux produits de la lumière, lorsque le soleil se lève, sont la justice et la guérison. Ce sont les oeuvres de la lumière. A l'opposé se trouvent les oeuvres des ténèbres. Le contraire de la justice, c'est le péché; le contraire de la guérison, c'est la maladie. Ce sont des oeuvres des ténèbres, mais justice et guérison sont celles de la lumière. Jésus dit: "Si ton oeil est simple, tout ton corps sera rempli de lumière, de justice et de santé." Il faut avoir un oeil simple.

Le mot traduit par "simple", en grec, est un mot qui a plusieurs significations (et je les ai soigneusement vérifiées dans deux dictionnaires grecs avant de finir de préparer ce message). L'une d'elles est "simple" ou "sincère", ce qui fait apparaître le véritable sens du mot. Si votre oeil est simple ou sincère, si vous voyez juste les choses comme elles sont écrites, alors vous n'êtes ni trop intelligent, ni trop philosophe. Vous ne savez pas grand-chose de la théologie. Vous n'entrevoyez pas plusieurs façons différentes d'expliquer le texte, vous le prenez simplement comme il est écrit.

J'ai fait remarquer que la seconde directive dit d'incliner son oreille, de courber la nuque raide, de désirer entendre. Il existe certaines barrières naturelles, et j'en ai décrites deux, qui sont les *préjugés* et les *idées préconçues*. Nous pensons déjà savoir ce que Dieu doit avoir dit, alors nous ne désirons pas écouter.

La troisième directive parle de simplicité ou de sincérité. Je pense que les barrières à la simplicité et à la sincérité sont la *rationalisation* et la *sophistication*. Je m'inquiète toujours lorsque j'entends des prédicateurs citer de trop nombreux experts mondiaux, surtout s'ils essaient d'authentifier la Bible. Je ne crois pas que celle-ci ait besoin d'être authentifiée par des experts mondiaux. En fin de compte, cela n'édifie pas la foi des gens. Tôt ou tard, comme je l'ai dit plus haut, la foi vient en écoutant la parole de Dieu et tout ce qui en distrait trop longtemps notre attention ne va, en fin de compte, pas édifier notre foi. Nous devons lire la Bible avec cet oeil unique de simplicité et de sincérité qui dit: "C'est ce que Dieu dit, c'est ce qu'il veut dire, et je le crois comme c'est écrit."

Je repense à ma propre expérience à l'hôpital. J'étais là, professeur de philosophie ayant une connaissance du latin et du grec, et capable de citer de nombreux livres savants. J'étais malade, et j'avais la possibilité, à travers la parole de Dieu, d'une façon simple et pas compliquée du tout, d'être guéri en la prenant comme un médicament. C'est vrai que pour un esprit philosophe, c'est absurde! C'est ridicule! Vous le rejetez. Mais, voyez-vous, j'étais malade et la philosophie ne m'avait pas guérie. Ainsi, j'étais face à une alternative: je pouvais être intelligent et rester malade, ou je pouvais être simple et guéri. Je suis reconnaissant depuis lors d'avoir été assez simple pour être guéri.

Cela montre une chose: si votre oeil est simple, si vous êtes sincère, si vous n'êtes pas trop compliqué, si vous n'avez pas trop d'arguments, si vous ne pouvez pas citer tous les théologiens, vous avez beaucoup plus de chances d'atteindre Dieu. Je suis désolé de dire cela, mais mon expérience durant de nombreuses années m'en a convaincu. La théologie n'édifie généralement pas la foi des gens.

Citons deux passages des écrits de Paul pour conclure cette pensée. Notez que l'on parle ici d'une sorte de simplicité qui, aux yeux du monde, est folie. Paul dit, dans **1 Corinthiens 1:25**:

"Car la folie de Dieu est plus sage que les hommes, et la faiblesse de Dieu est plus forte que les hommes."

Il parle là en premier lieu de la croix. La croix était la chose la plus faible et la plus folle que l'on puisse concevoir pour la culture de cette époque, mais de la faiblesse de la croix vient la toute-puissance de Dieu. De la folie de la croix vient l'insondable sagesse de Dieu. Ainsi, nous devons aller vers quelque chose de très faible et de très fou pour recevoir la sagesse et la force de Dieu.

Un peu plus loin, dans **1 Corinthiens 3:18**, Paul dit quelque chose de très intéressant. (Car je réalise qu'il parlait à des gens ayant des connaissances philosophiques comme celles que j'ai acquises durant mes études; ainsi je l'apprécie davantage.)

"Que personne ne s'abuse soi-même: si quelqu'un parmi vous a l'air d'être sage dans ce siècle, qu'il devienne fou, afin de devenir sage ..."

Vous voyez qu'entre nous et la sagesse de Dieu, il y a une vallée, une place d'humilité. Nous devons laisser de côté la sagesse humaine. Nous devons devenir fous aux yeux du monde afin de réellement entrer dans la sagesse de Dieu.

A ce stade, j'étais face à une alternative. Je pouvais continuer à être sage selon le monde et rester malade, ou je pouvais faire quelque chose de fou aux yeux du monde et être guéri. Je dois dire que j'étais bien plus sage en étant fou et en étant guéri que je ne l'aurais été en étant intelligent et en restant malade. Cela peut paraître compliqué, mais c'est exactement ce que Paul dit: "Si vous êtes sage selon ce monde, vous devez devenir fou afin d'être sage, car la folie de Dieu est bien plus sage que les hommes."

L'application est: qu'ils ne s'éloignent pas de tes yeux. Ayez un regard simple, unique. Lisez la Bible comme elle est écrite et croyez simplement ce qu'elle dit.

GARDE-LES AU-DEDANS DE TON COEUR

Nous avons déjà examiné les trois premières directives; maintenant, nous arrivons à la quatrième et dernière instruction à propos de la façon de recevoir les paroles et les enseignements de Dieu: "Garde-les au-dedans de ton coeur."

Cela est très réel pour moi; tout d'abord, sur la base de ma propre expérience de guérison par ce passage; ensuite, parce que durant cinq années j'ai été directeur d'un collège en Afrique Orientale pour la formation d'enseignants africains pour les écoles africaines. Ainsi, j'ai donc dû me familiariser avec certains principes de l'enseignement. L'un des principes les plus simples, que nous essayions d'inculquer à nos étudiants, était celui que nous appelions "la porte de l'oreille" et "la porte de l'oeil". Lorsque vous voulez atteindre la personnalité d'un enfant, vous devez utiliser toutes les portes possibles. Il ne suffit pas que l'enfant entende simplement; il a aussi besoin de voir. En fait, nous leur enseignions également qu'un enfant n'a pas uniquement besoin d'entendre et de voir, mais qu'il doit également s'investir d'une façon pratique: entendre, voir et faire. J'ai été béni de constater que dans ce passage des Proverbes, Dieu anticipait la psychologie de l'enseignement moderne de presque 3000 ans. Il dit: "Incline ton oreille, ne les éloigne pas de tes yeux, et ils entreront dans ton coeur." Vous voyez, la raison pour laquelle il faut passer par la porte de l'oreille et celle de l'oeil est d'atteindre ce domaine central et vital de la personnalité humaine que la Bible appelle le coeur, et lorsque les paroles et les discours de Dieu vont au coeur, ils accomplissent leurs promesses. Mais s'ils n'y arrivent pas, ils ne produisent pas de résultat.

Certains médicaments que vous prenez doivent, pour être efficaces, être libérés dans le sang. Vous pouvez prendre le médicament, mais, s'il ne va pas dans le sang, il n'agira pas comme il est censé le faire. Ainsi, le médicament de Dieu n'est efficace que lorsqu'il est libéré dans le coeur. Les trois phases précédentes s'appliquent toutes au médicament qui doit les exécuter pour accomplir les effets promis. Puis il dit: "Garde-les au-dedans de ton coeur."

Nous devons regarder au verset suivant des Proverbes qui est l'un des versets les plus profonds de la Bible. **Proverbes 4:23**:

"Garde ton coeur plus que toute autre chose, car de lui viennent les sources de la vie."

Combien ces paroles sont profondes: **"car de lui viennent les sources de la vie ..."**

Je reviens encore une fois à l'Afrique Orientale. L'une de mes étudiantes avait écrit ce verset dans son propre dialecte, qui était le lorlagoli. Je connaissais juste assez cette langue pour pouvoir lire ce qu'elle avait écrit sur le mur du dortoir: "Garde ton coeur de toute ta force; car toutes les choses de la vie viennent de lui." C'est si simple; d'une certaine façon plus simple que la version Darby.

Cette conviction ne m'a jamais quittée: "Toutes les choses de la vie viennent de votre coeur." Autrement dit, ce que vous avez dans le coeur déterminera tout ce que vous expérimenterez dans votre vie. Si vous avez de bonnes choses dans votre coeur, votre vie sera bonne. Si vous avez de mauvaises choses dans votre coeur, votre vie sera mauvaise. Mais c'est ce qui est dans votre coeur qui détermine le cours de votre vie. Ainsi, Dieu dit: "Si mon médicament et mes paroles et mes enseignements veulent faire l'effet que j'ai promis, ils doivent pénétrer dans votre coeur, et vous devez les y garder." "Garde-les tout au-dedans de ton coeur." Pas simplement à la périphérie de ton coeur, mais au milieu. "Garde-les au centre de ta vie et de ta personnalité. Ils affecteront la façon dont tu vis."

Pour conclure cet enseignement sur la parole de Dieu en tant que médicament, j'aimerais faire un parallèle avec une affirmation du Nouveau Testament. **Hébreux 4:12** parle de la nature de la parole de Dieu et de la façon dont elle agit en nous. Afin de la rendre plus vivante, je vais citer deux traductions différentes de ce verset: tout d'abord la version Segond, puis la version Darby; ainsi nous pourrons voir certaines différences.

"Car la parole de Dieu est vivante et efficace, plus tranchante qu'une épée quelconque à deux tranchants, pénétrante jusqu'à partager âme et esprit, jointures et moelles; elle juge les

sentiments et les pensées du coeur." (Segond)

"Car la parole de Dieu est vivante et opérante, et plus pénétrante qu'aucune épée à deux tranchants, et atteignant jusqu'à la division de l'âme et de l'esprit, des jointures et des moelles; et elle discerne les pensées et les intentions du coeur." (Darby)

Si je devais choisir un mot pour résumer cela, je pense que ce serait le mot "pénétrant". La parole de Dieu pénètre. En fait, elle pénètre là où rien d'autre ne le peut. Nous sommes familiarisés avec l'idée du bistouri du chirurgien qui a une lame pointue et acérée capable de pénétrer si délicatement dans les tissus humains. Mais la parole de Dieu pénètre dans un autre domaine. Elle divise l'âme et l'esprit, la partie la plus profonde de notre personnalité. Les choses, en nous, que nous ne pouvons pas complètement comprendre, la parole de Dieu nous les révèle. Elle sépare les jointures et les moelles. Elle touche le domaine spirituel en nous et le domaine physique. Aucun domaine n'est hors de sa portée.

Si vous avez une maladie de la moelle ou des jointures, ce passage dit que même s'il n'y a pas de médicament ou de traitement humain pour la soigner, la parole de Dieu, elle, peut arriver à le faire. Si vous avez des problèmes de personnalité interne, pour lesquels le psychiatre n'a pas de solution, elle aura cette solution. La parole de Dieu pénètre. Ce qui est important, c'est que nous la prenions de la façon que Dieu veut. Nous devons le faire avec une attention soutenue et une attitude humble et désireuse d'être enseignés. Nous devons abattre les barrières des préjugés et des idées préconçues et regarder avec un oeil simple, sincère et de tout notre coeur. Nous ne devons pas ergoter, ni trop théoriser, mais la prendre comme elle vient. Nous devons laisser tomber les barrières de la rationalisation et de la sophistication, et ainsi nous pourrons la laisser pénétrer et faire son oeuvre.

Puis-je prier pour vous à l'issue de cette étude?

"Père, je te remercie pour ceux qui ont lu ce message et qui ont des besoins spirituels et physiques qui ne peuvent être satisfaits que par la parole de Dieu. Je prie que cette parole pénètre en eux et fasse son oeuvre, en créant la foi, en apportant la guérison, la délivrance, la paix, la joie et l'harmonie. Dans le nom de Jésus. Amen."

****

Cessez de vous trouver des excuses et faîtes en sorte que votre désir d'étudier la parole de Dieu devienne une réalité !

Cours biblique par correspondance: 'Les fondations chrétiennes' par Derek Prince

La plupart des chrétiens ont un désir sincère d'une meilleure connaissance de la Bible. Ils savent qu'une étude suivie et approfondie de la parole de Dieu est indispensable pour mûrir et vivre une vie chrétienne efficace. Malheureusement, la plupart manquent aussi de discipline, de direction et de motivation pour réussir une telle étude. Par conséquent, ils passent à coté des nombreux avantages obtenus par la connaissance et l'application de la Parole. Afin de fournir une direction et une discipline systématique dans l'étude de la Bible, Derek Prince a développé le cours par correspondance 'Les fondations chrétiennes'. Cette étude par correspondance vous permet de travailler à votre propre rythme, tout en offrant l'avantage d'un contact direct avec un coordinateur biblique qui peut vous fournir une direction ou de l'aide. Le cours est conçu autour de techniques d'enseignements établies et efficaces et est méthodique, avec des fondements bibliques et pratiques. Si vous souhaitez obtenir une brochure gratuite vous donnant plus d'informations sur le cours et comment vous inscrire (Europe, DOM/TOM et Amérique du Nord seulement), merci de contacter: Derek Prince Ministries France, B.P 31, 34210

Olonzac Tel 04 68 91 38 72, fax 04 68 91 38 63

Email: info@derekprince.fr

www.ingramcontent.com/pod-product-compliance
Lightning Source LLC
Chambersburg PA
CBHW060635030426
42337CB00018B/3370